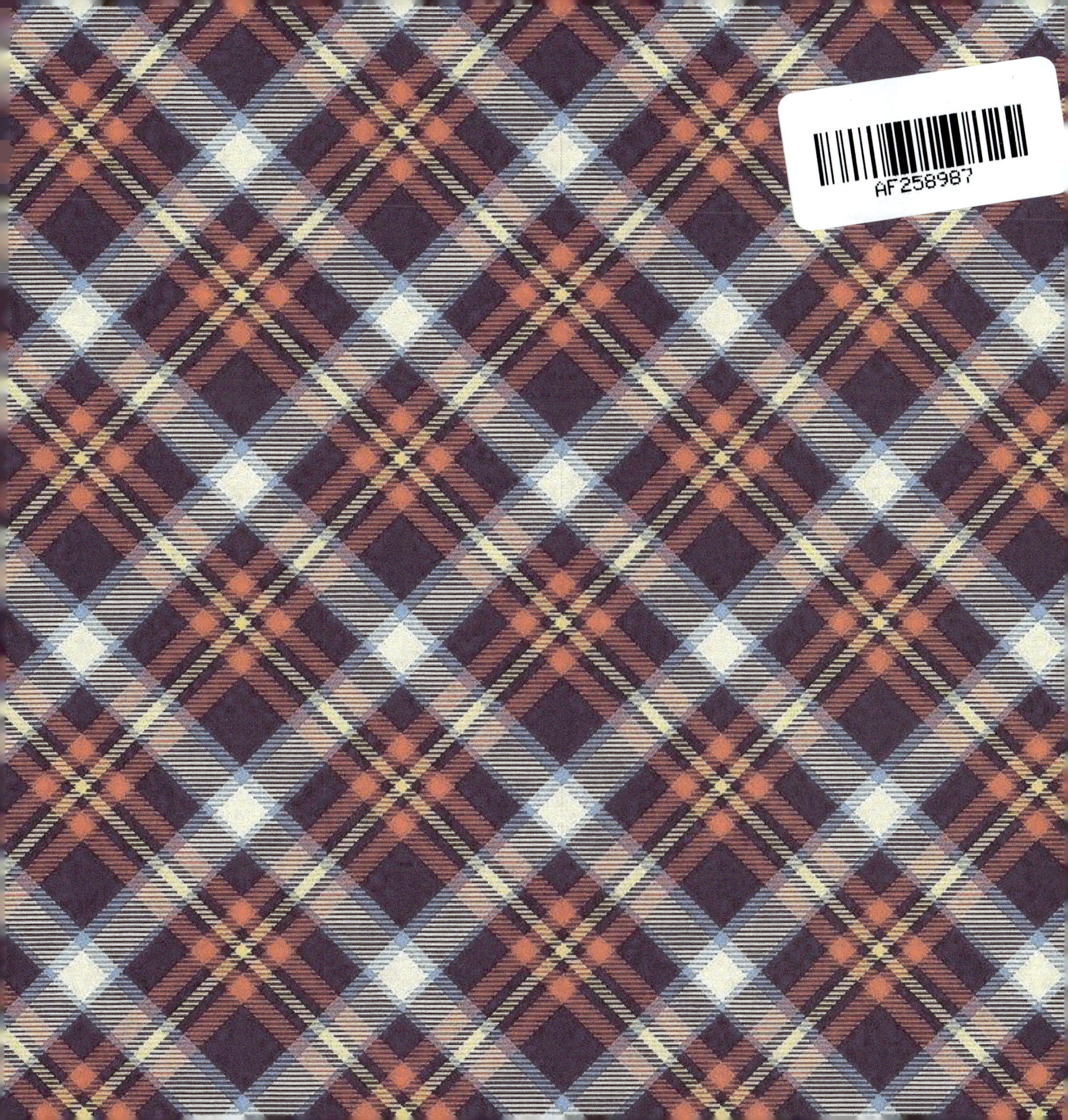
AF258987

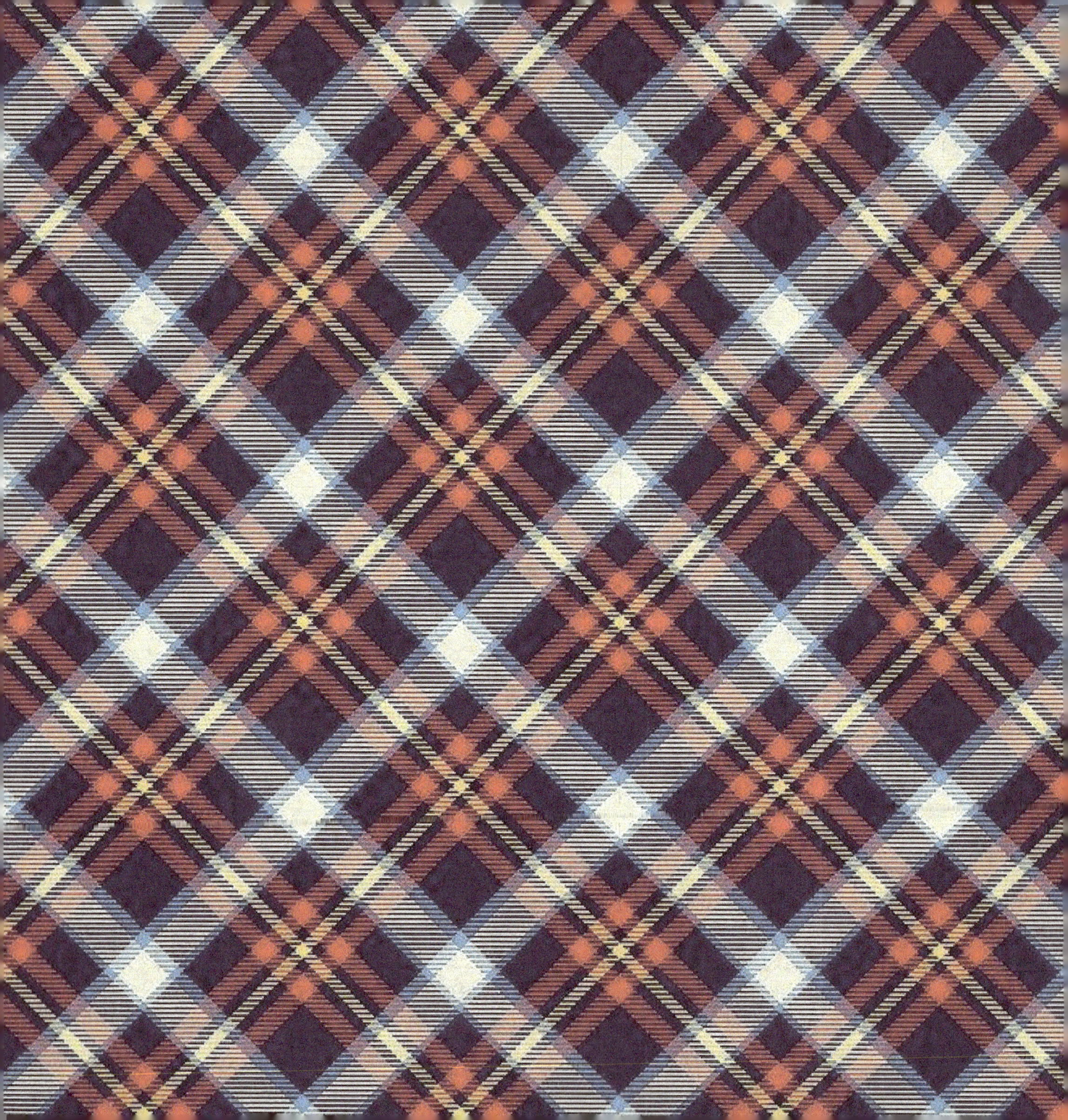

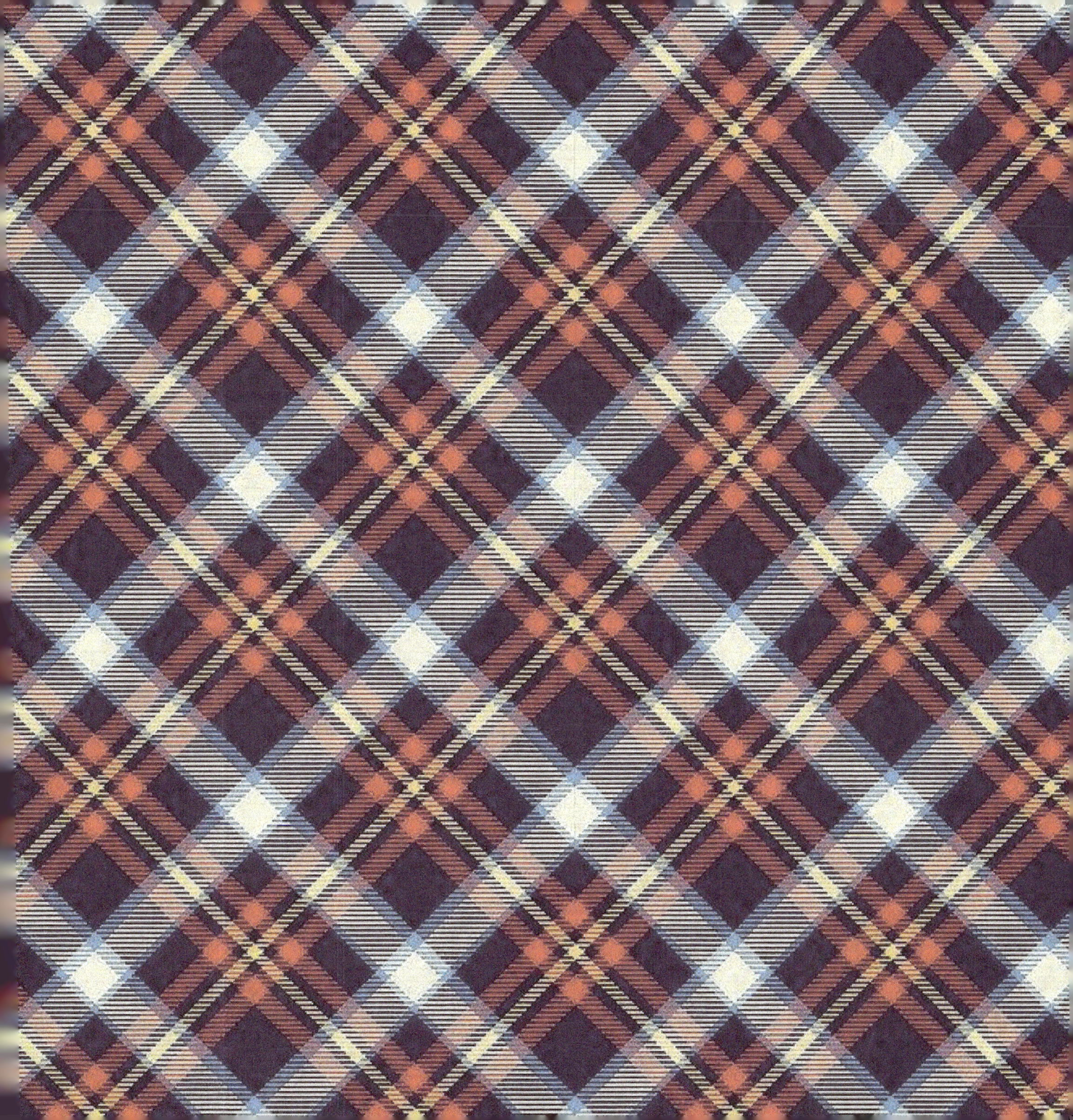

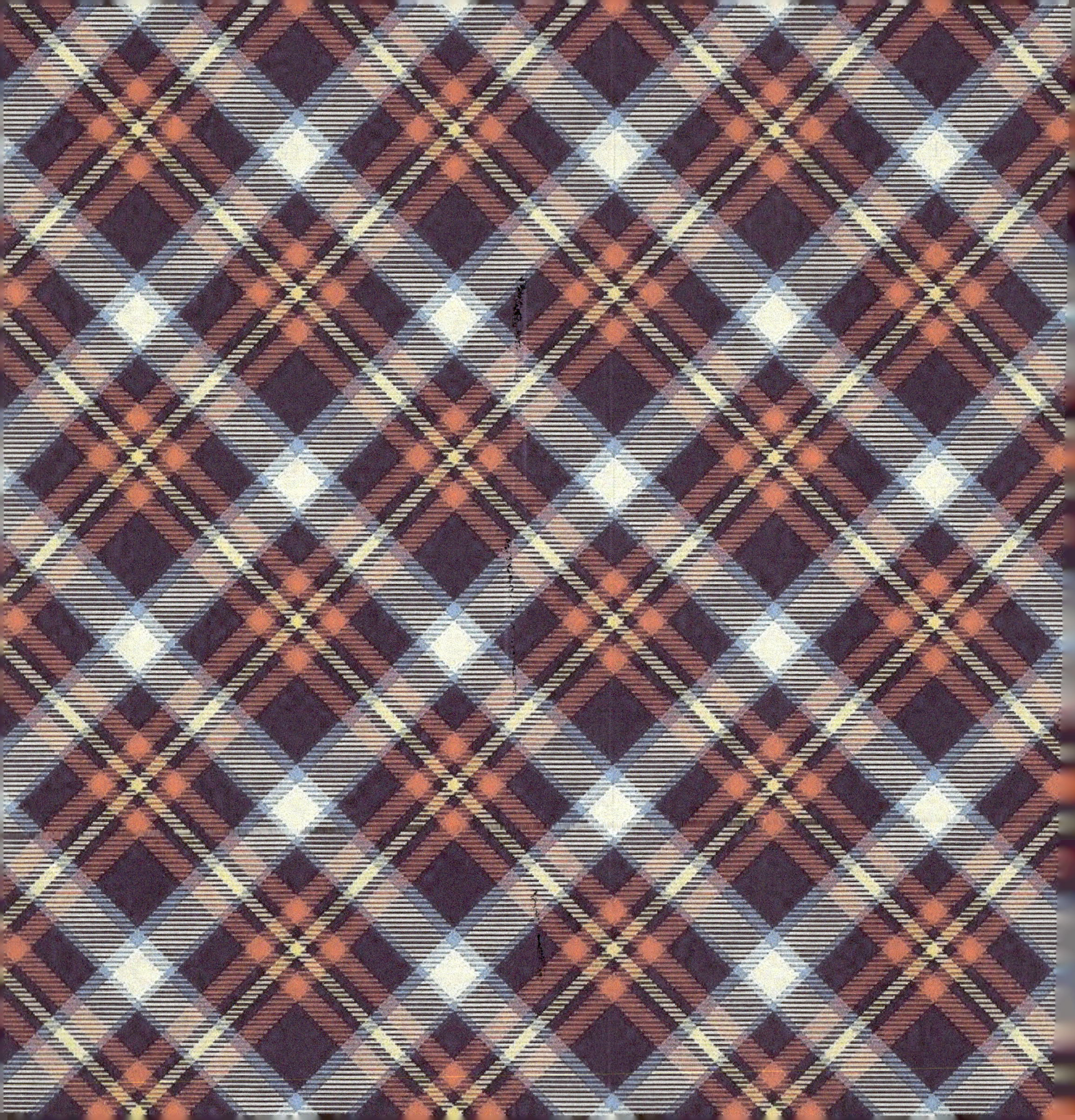

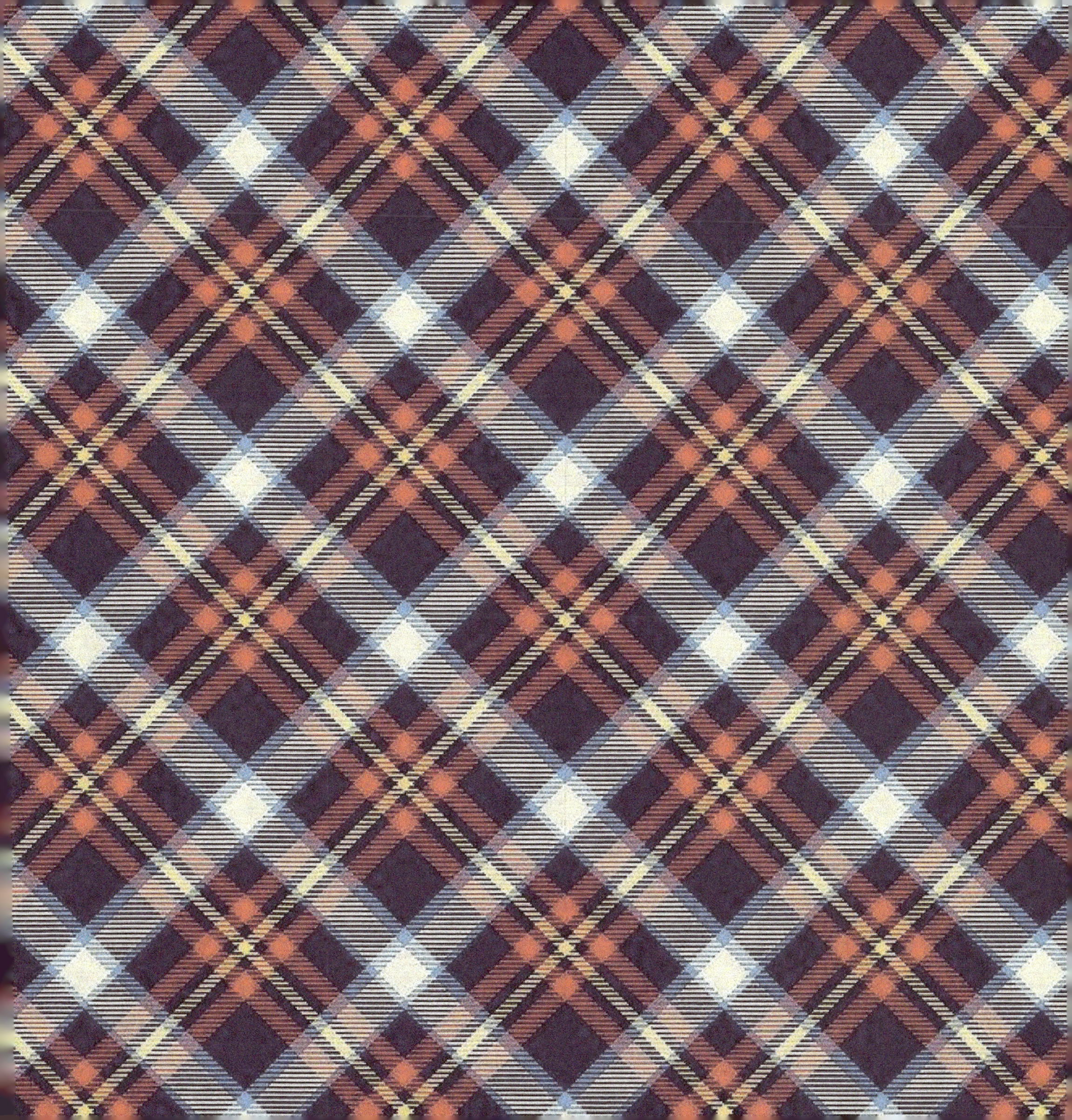

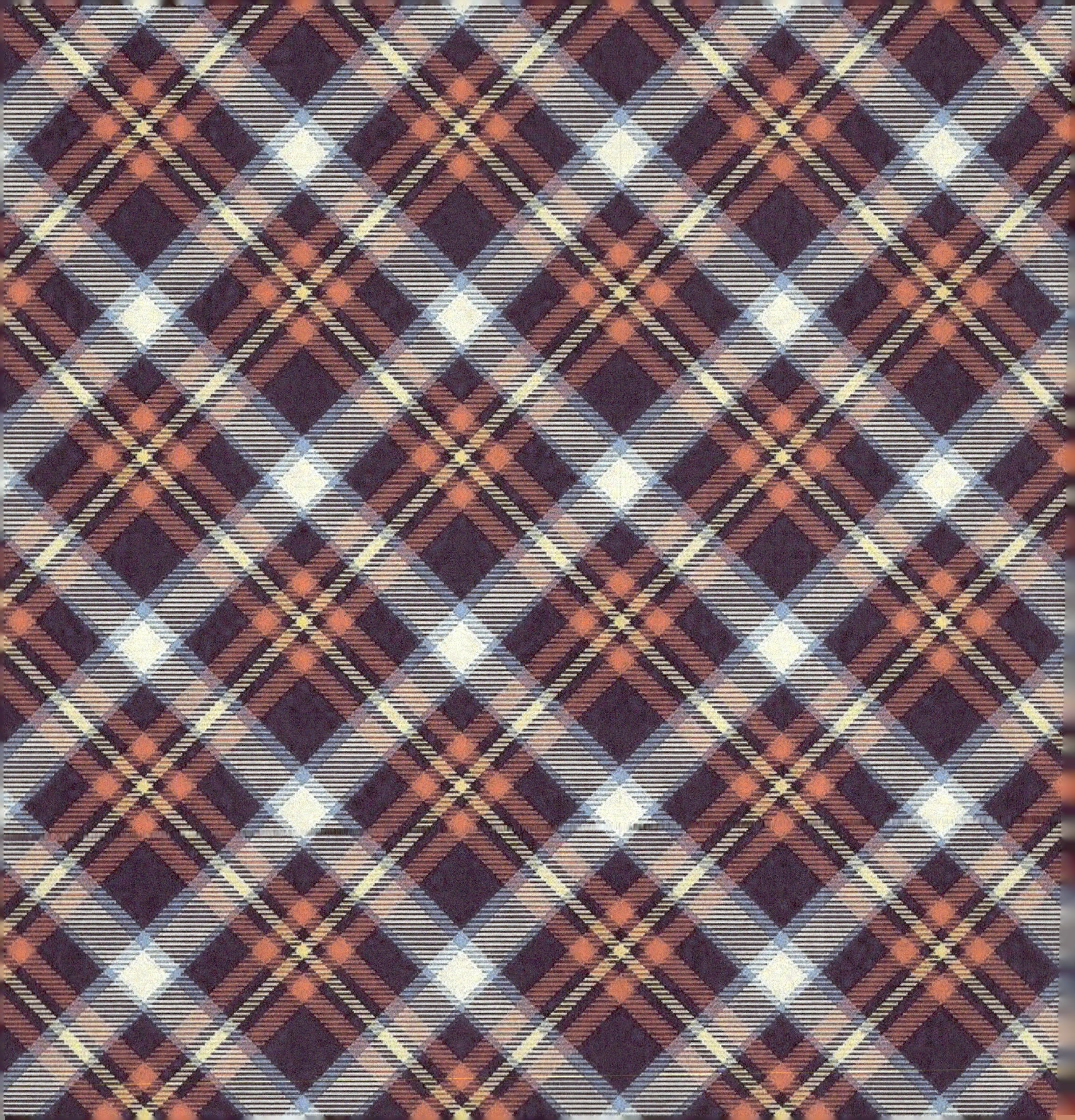

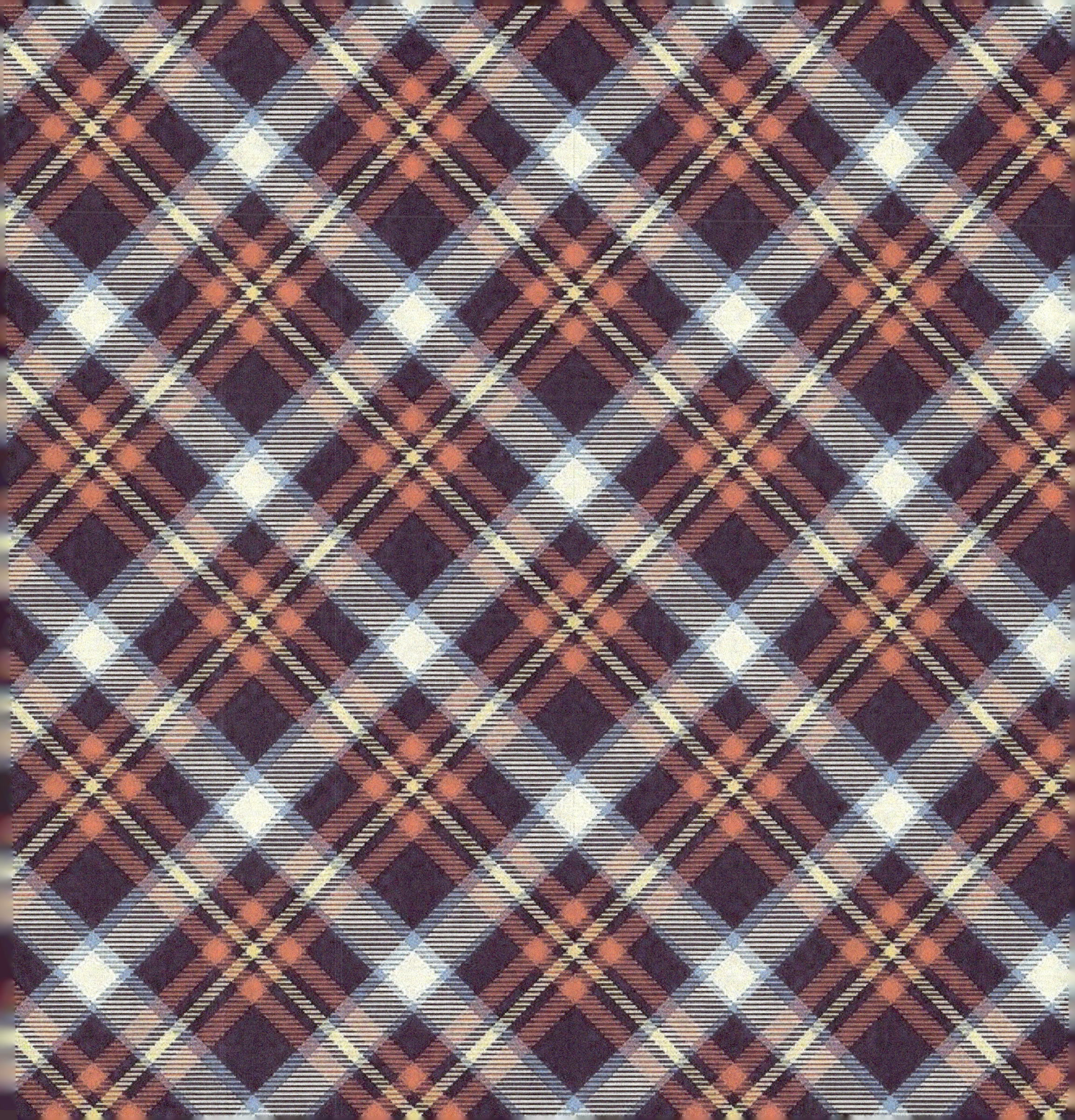

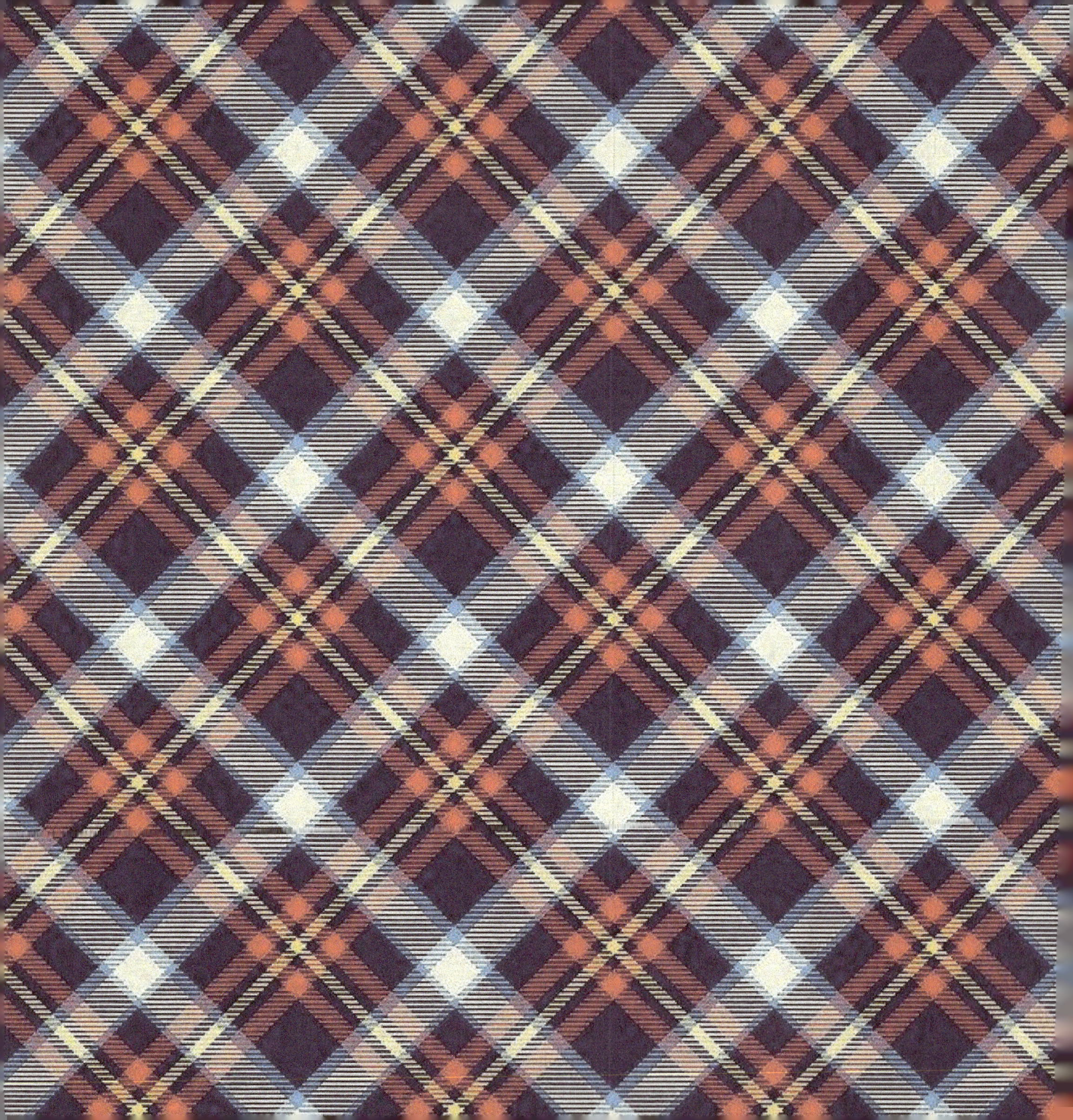

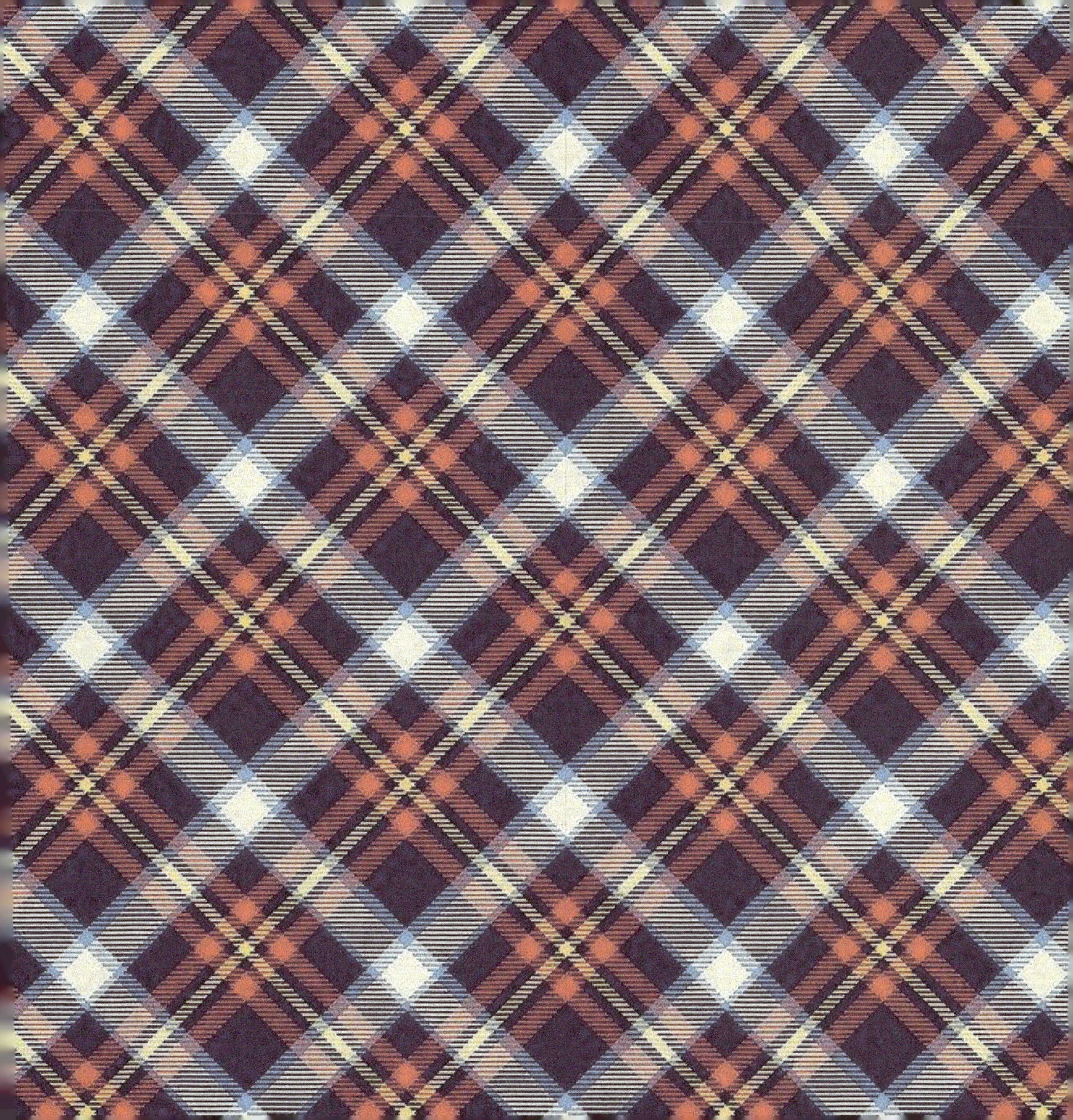

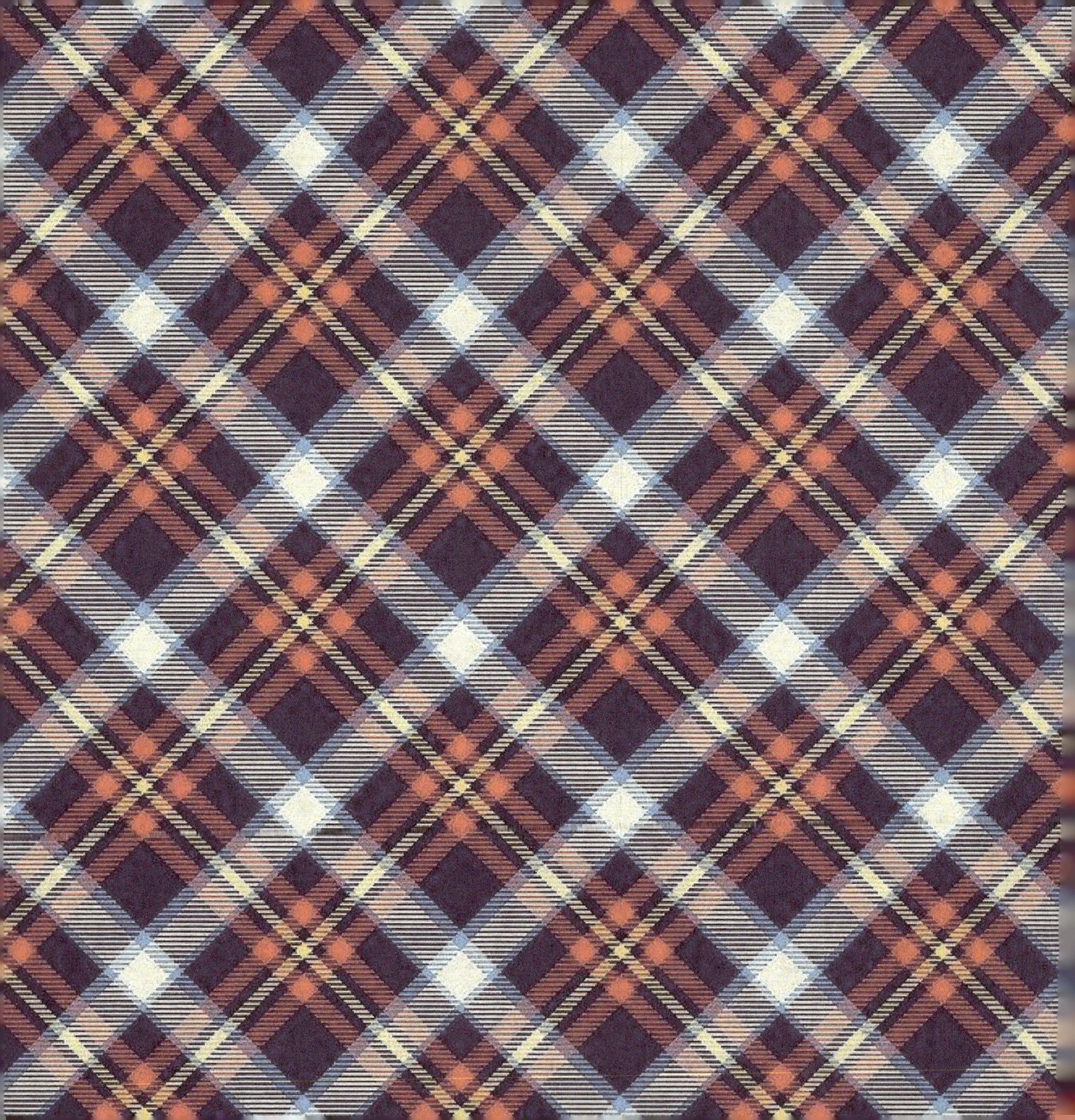

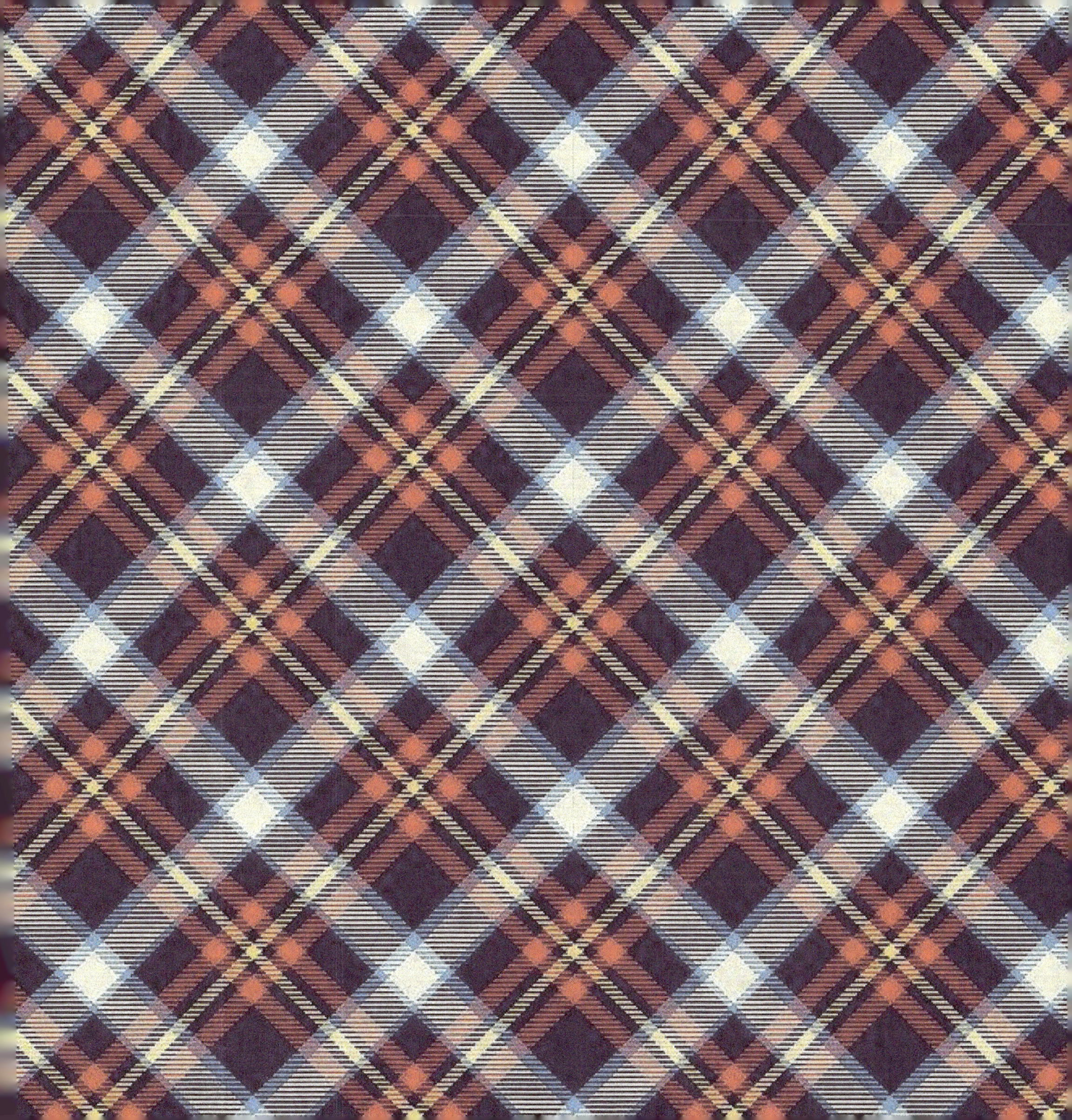

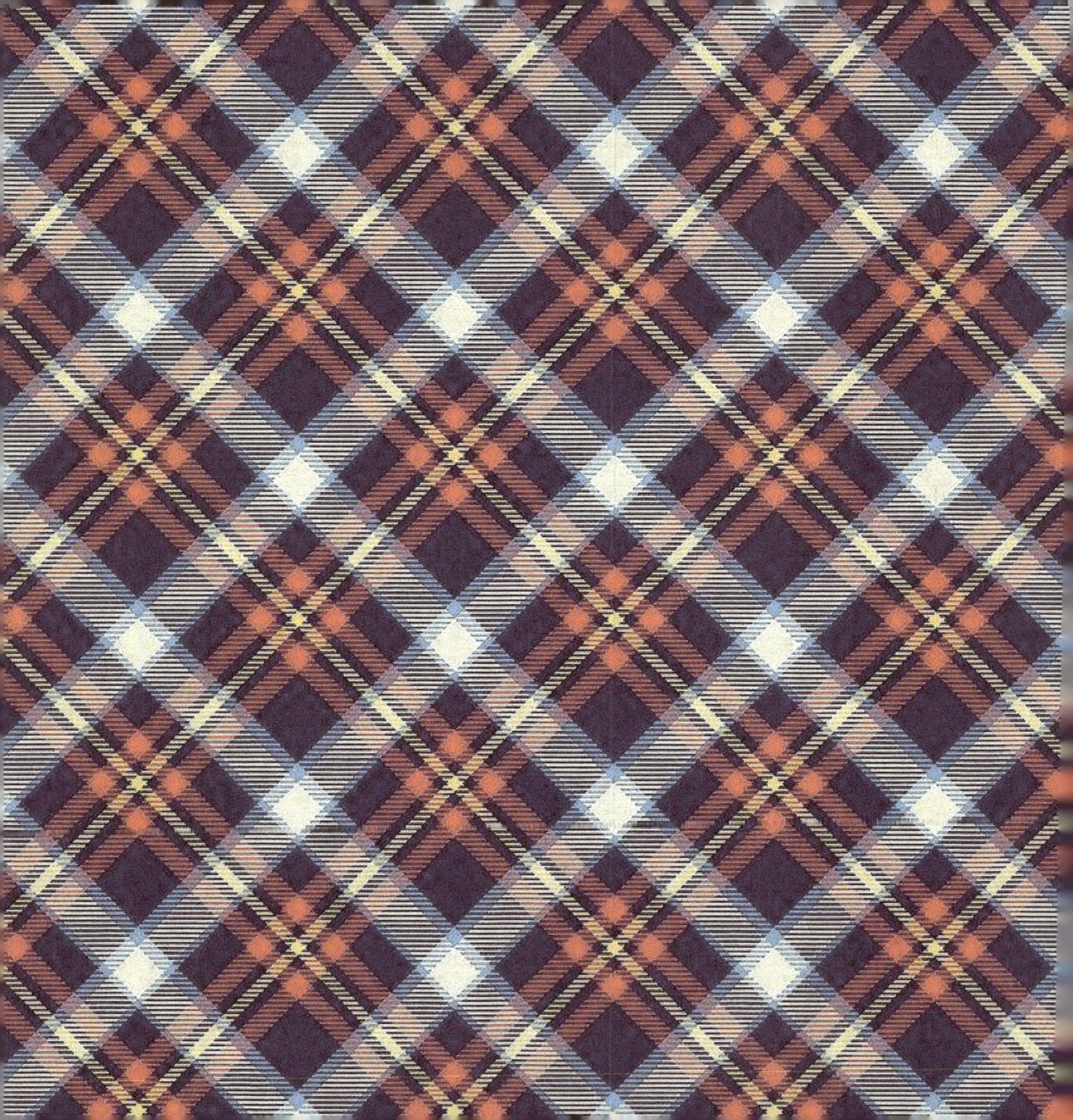

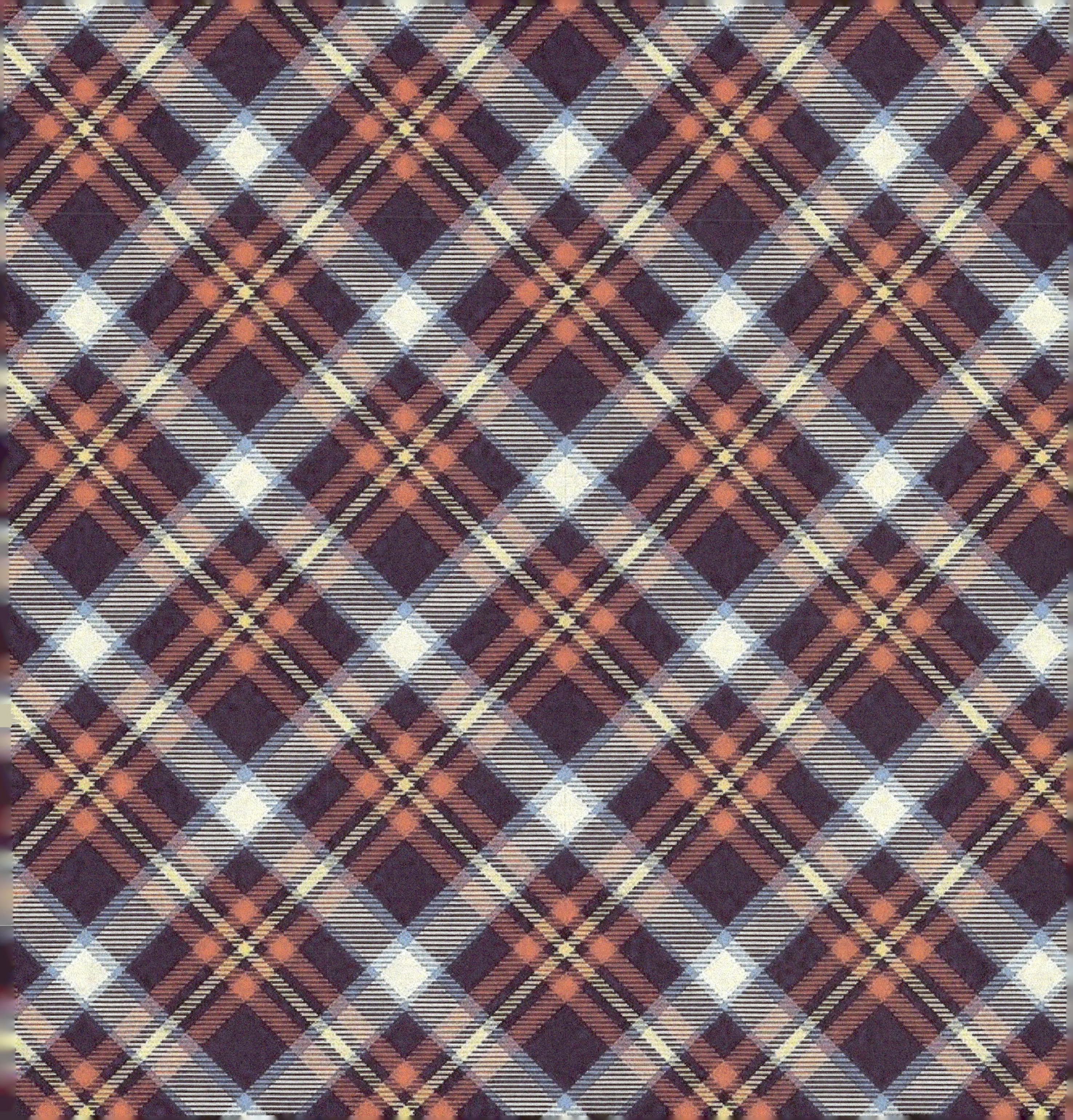

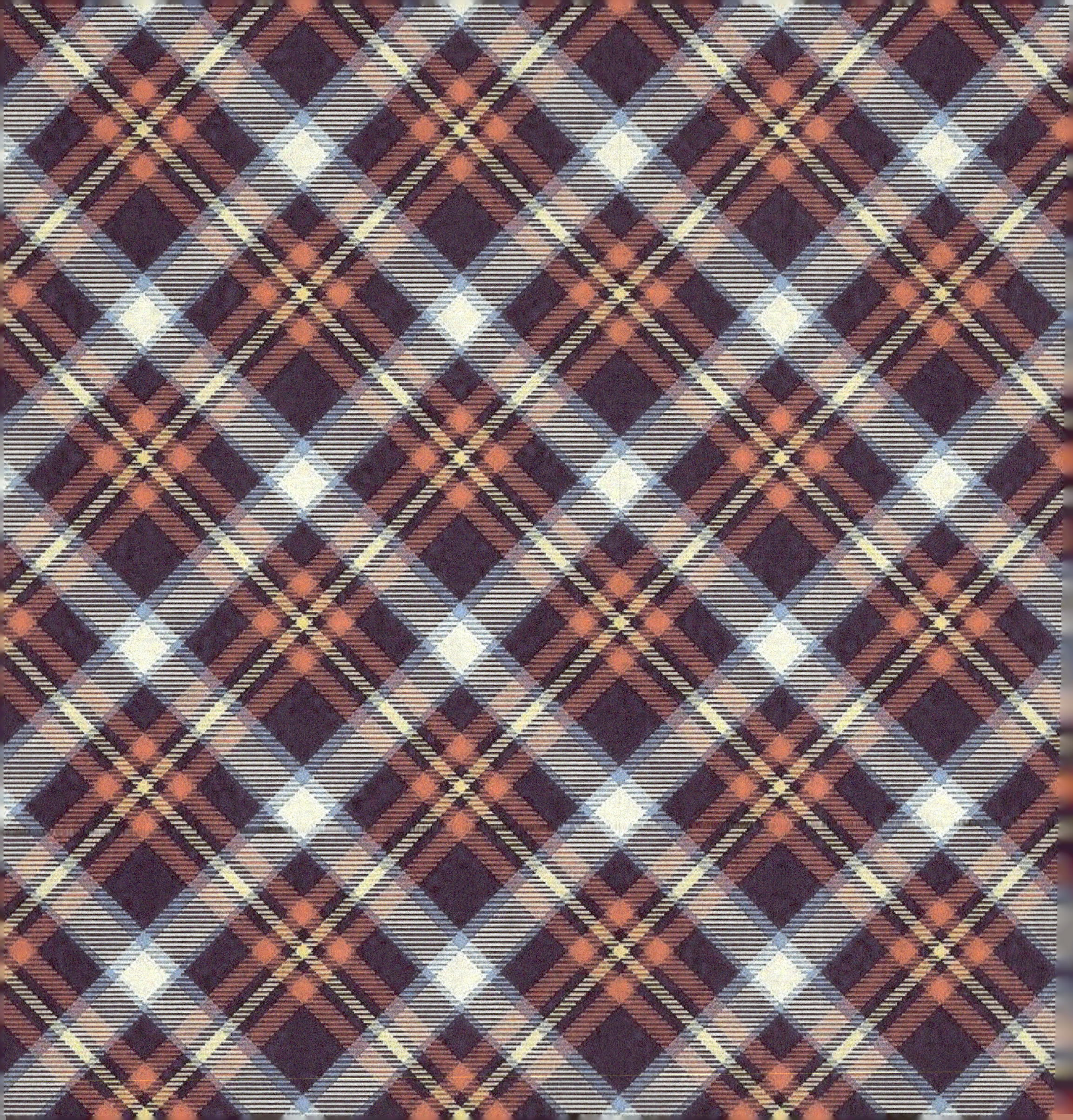

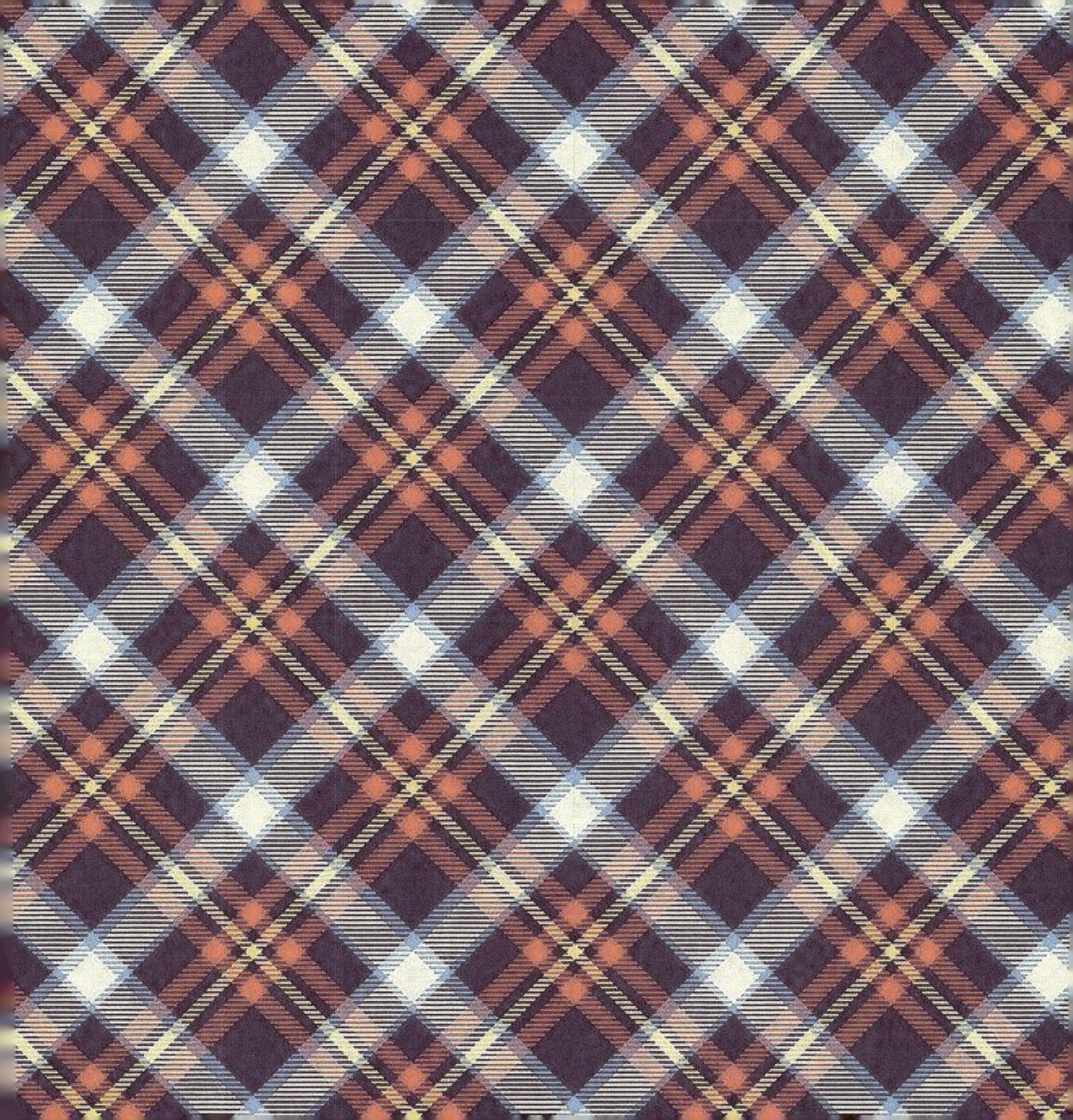

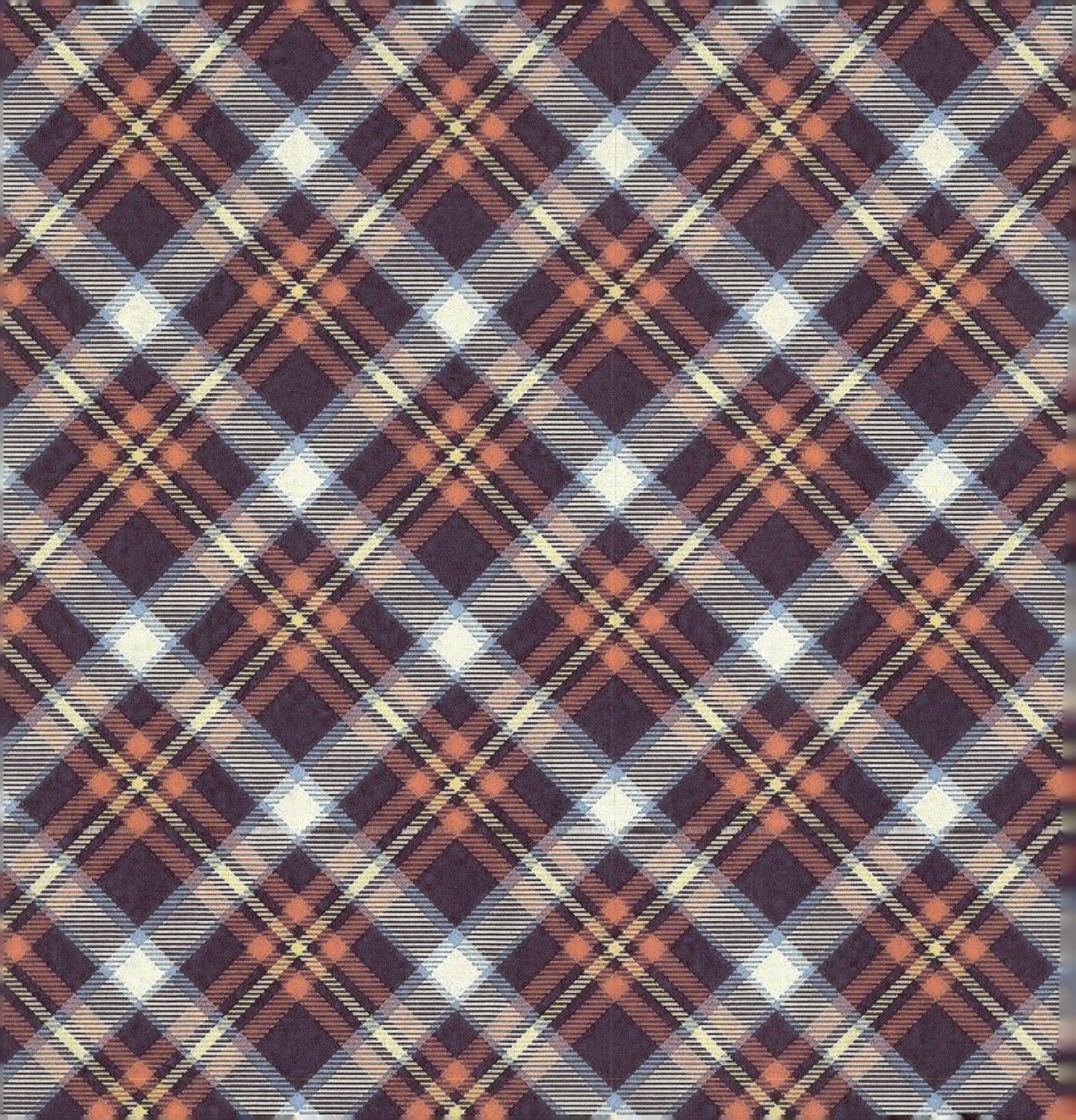

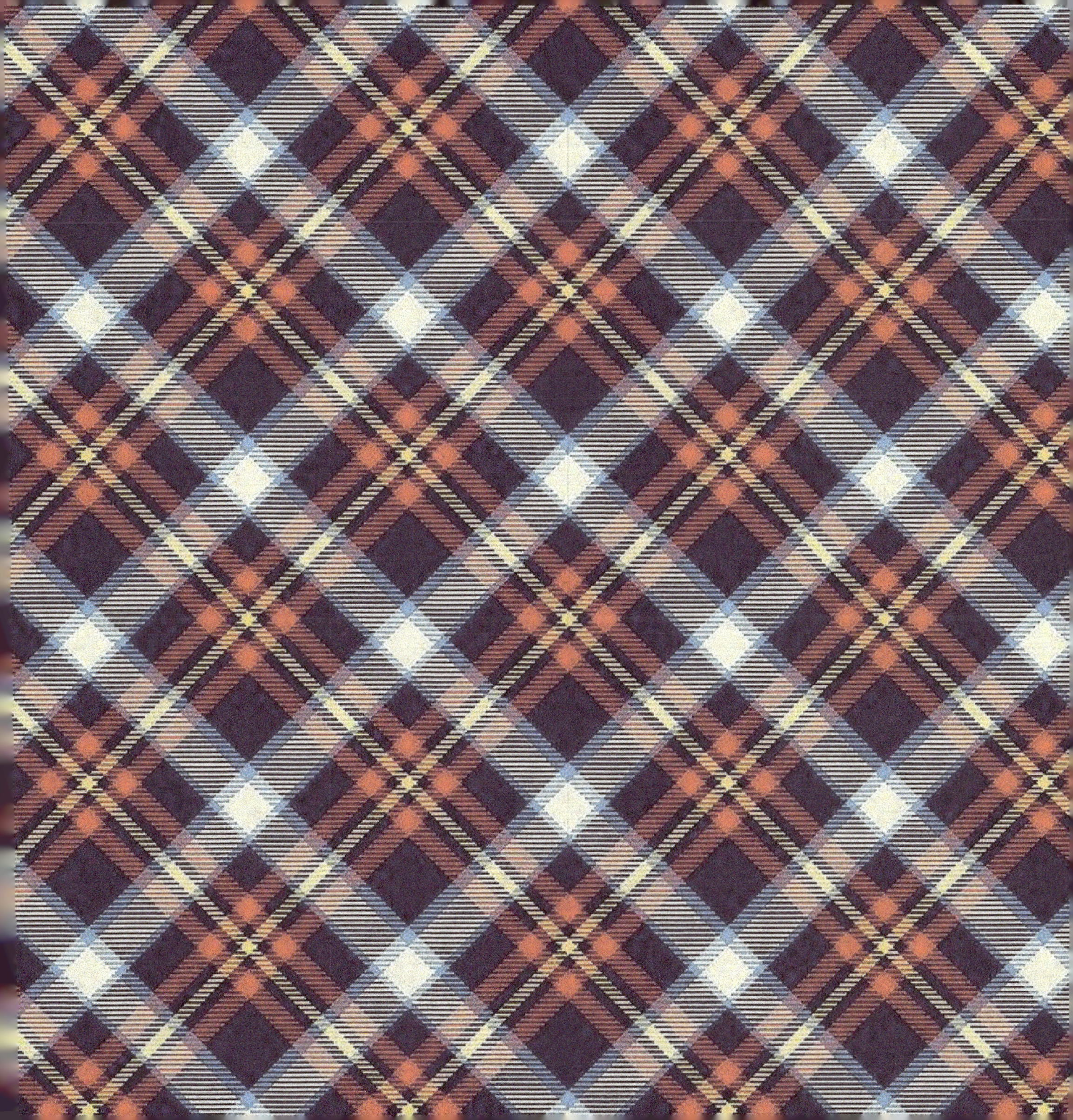

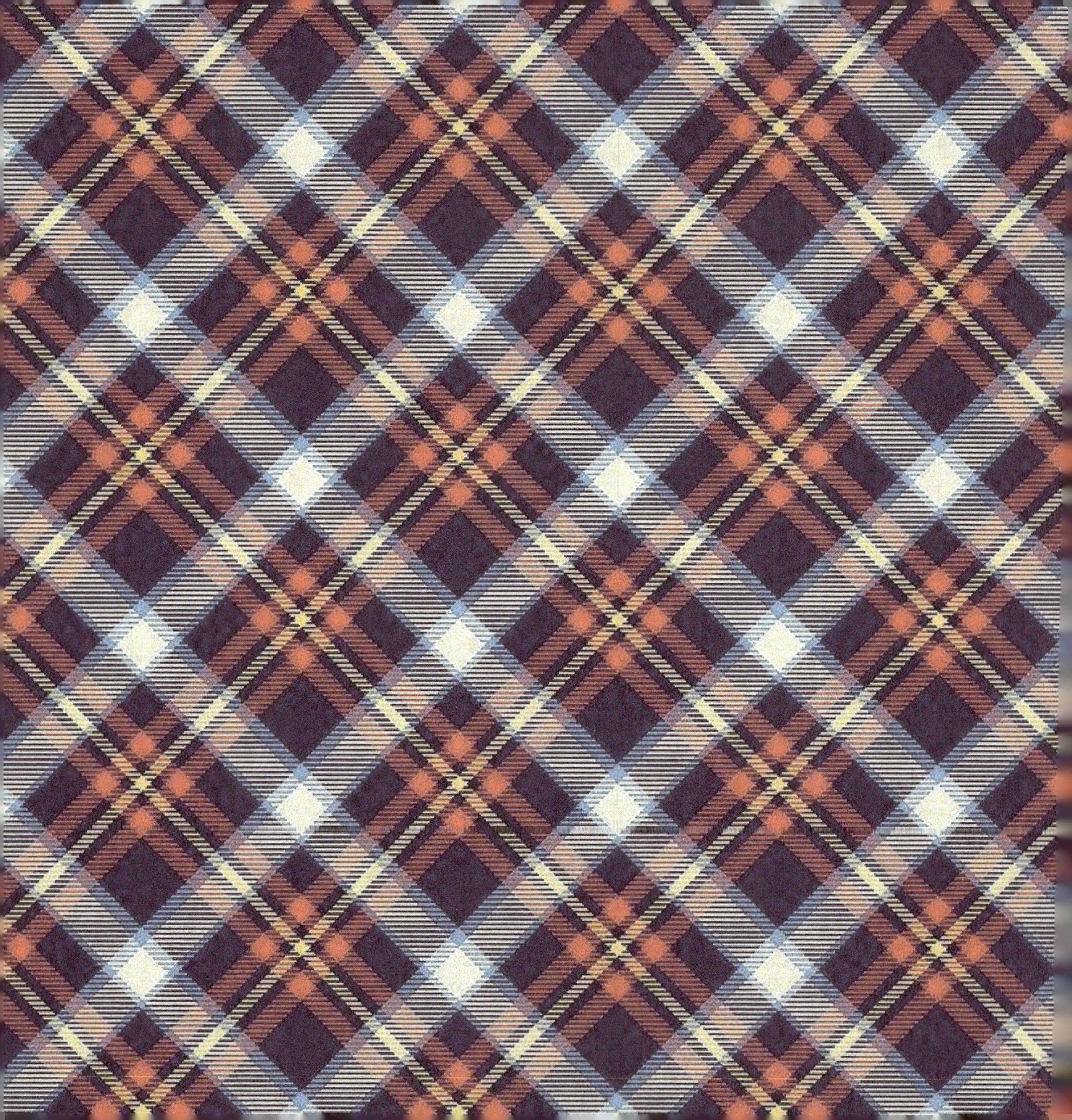

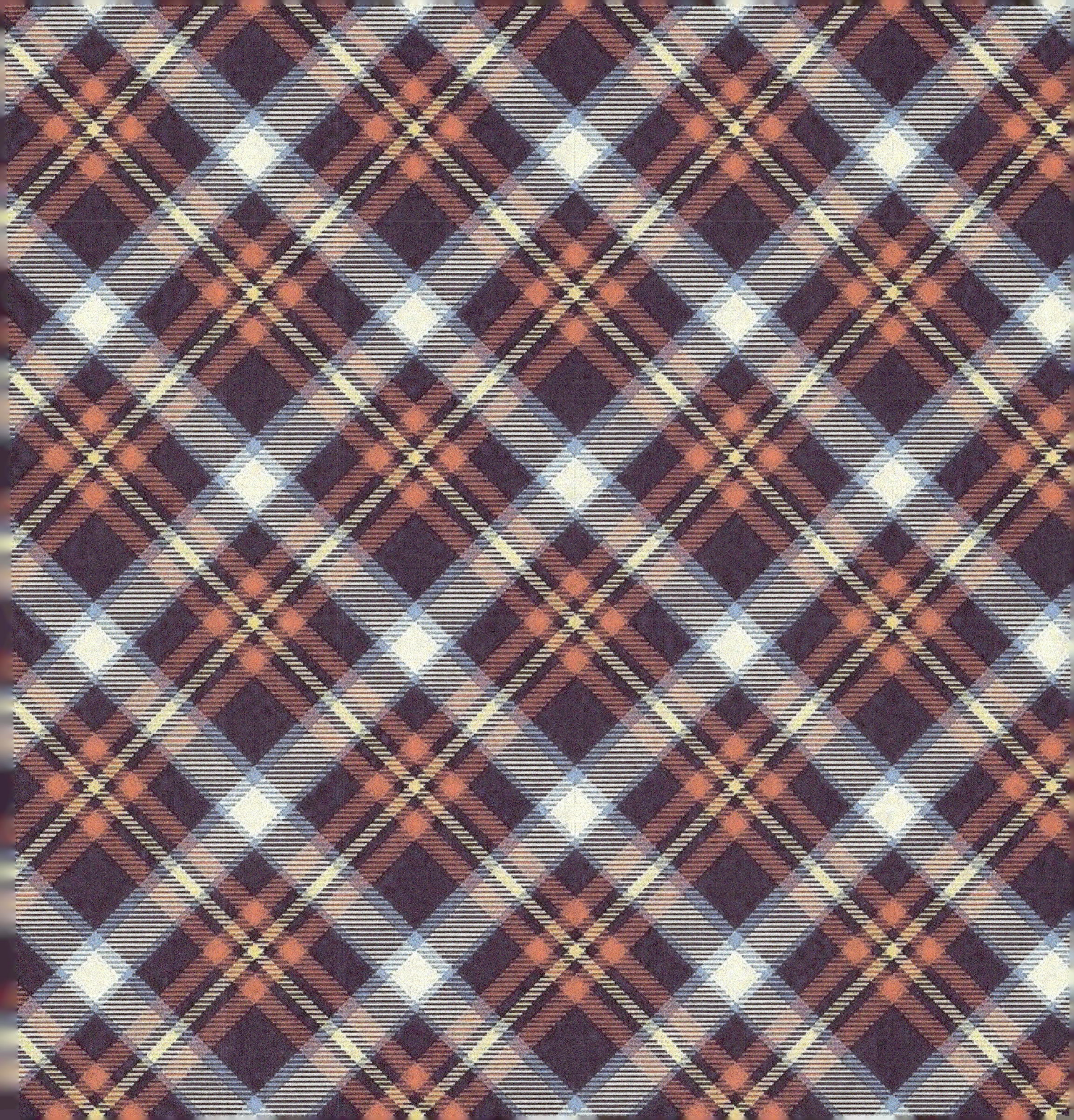

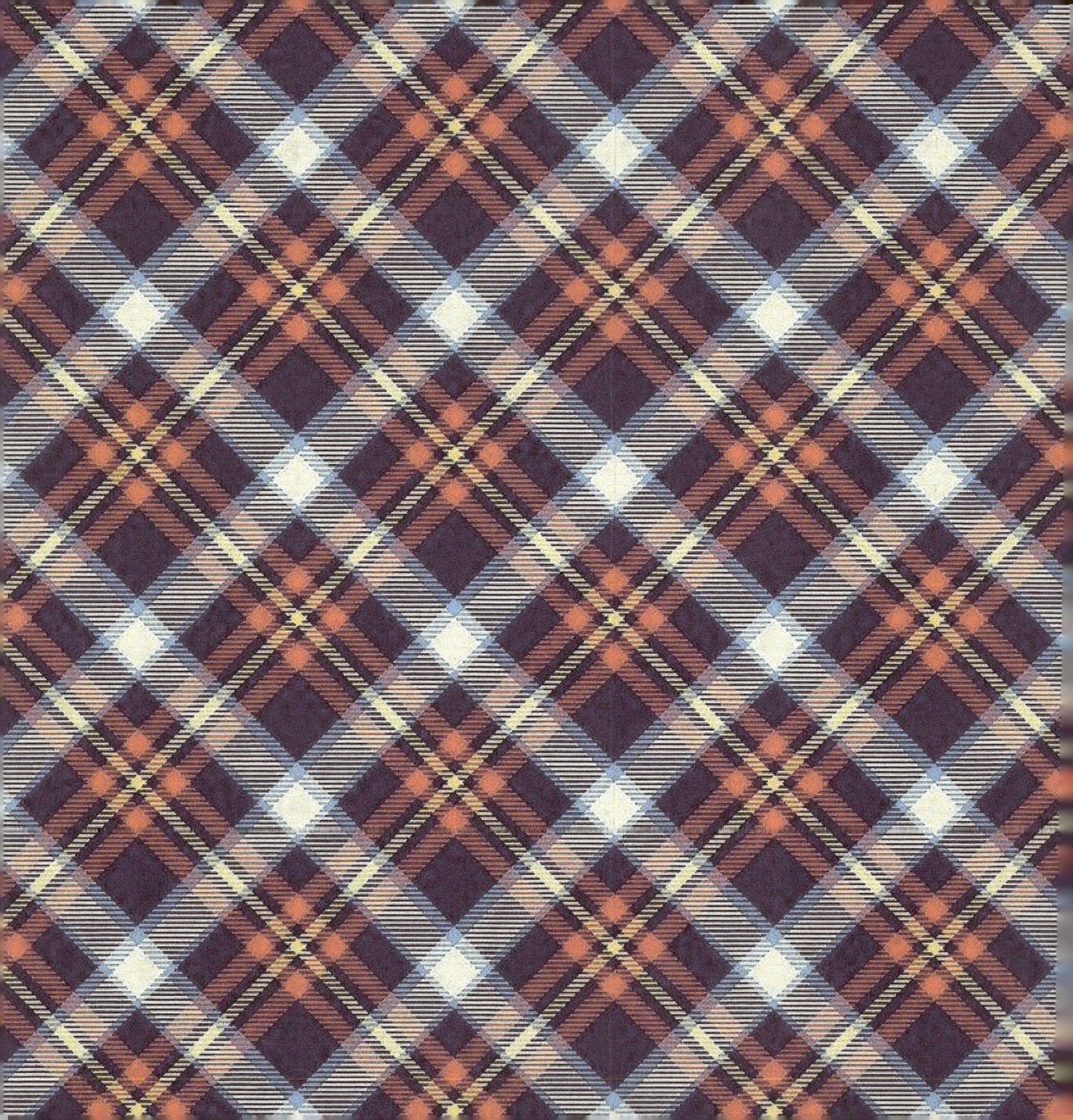

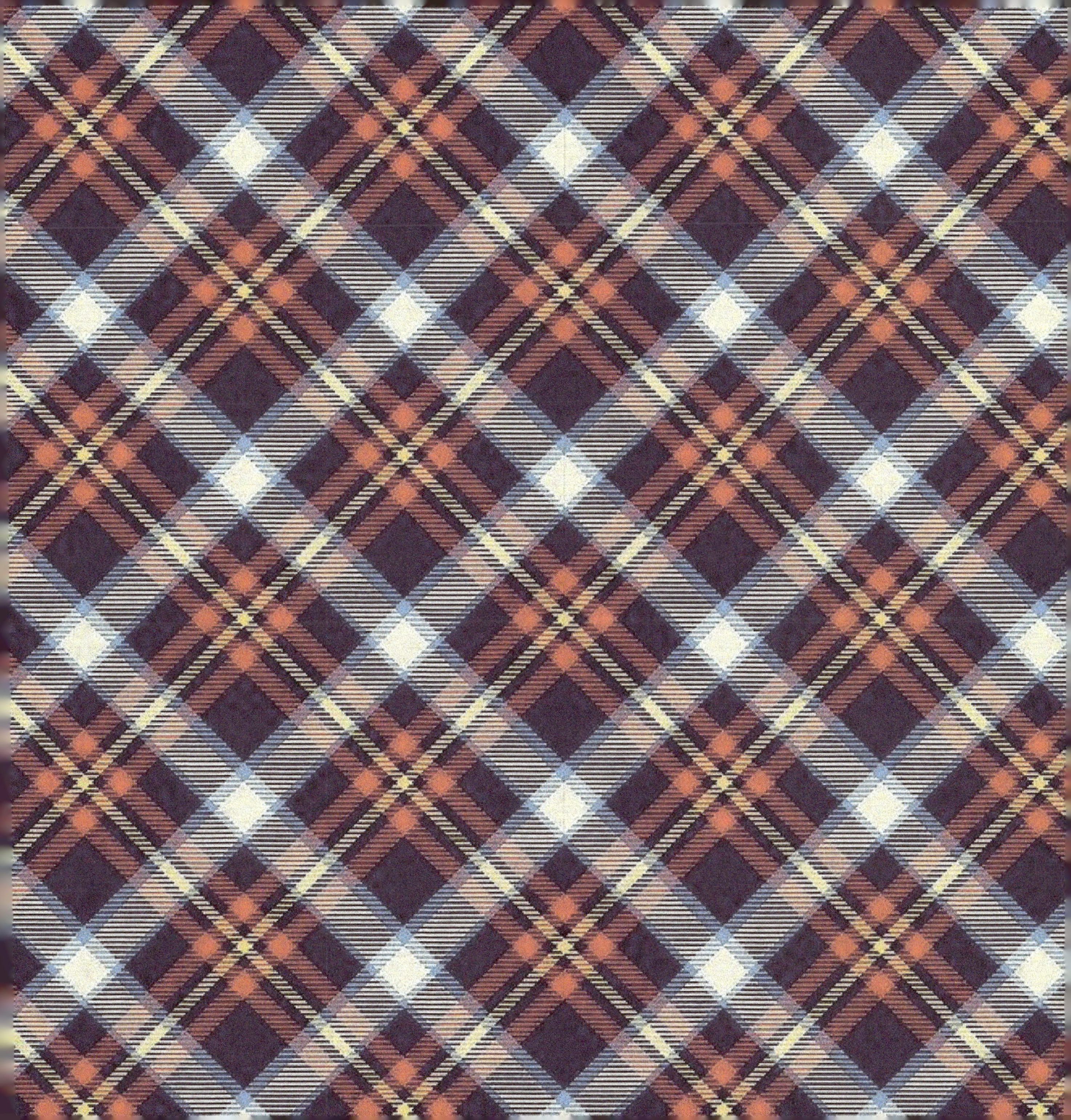

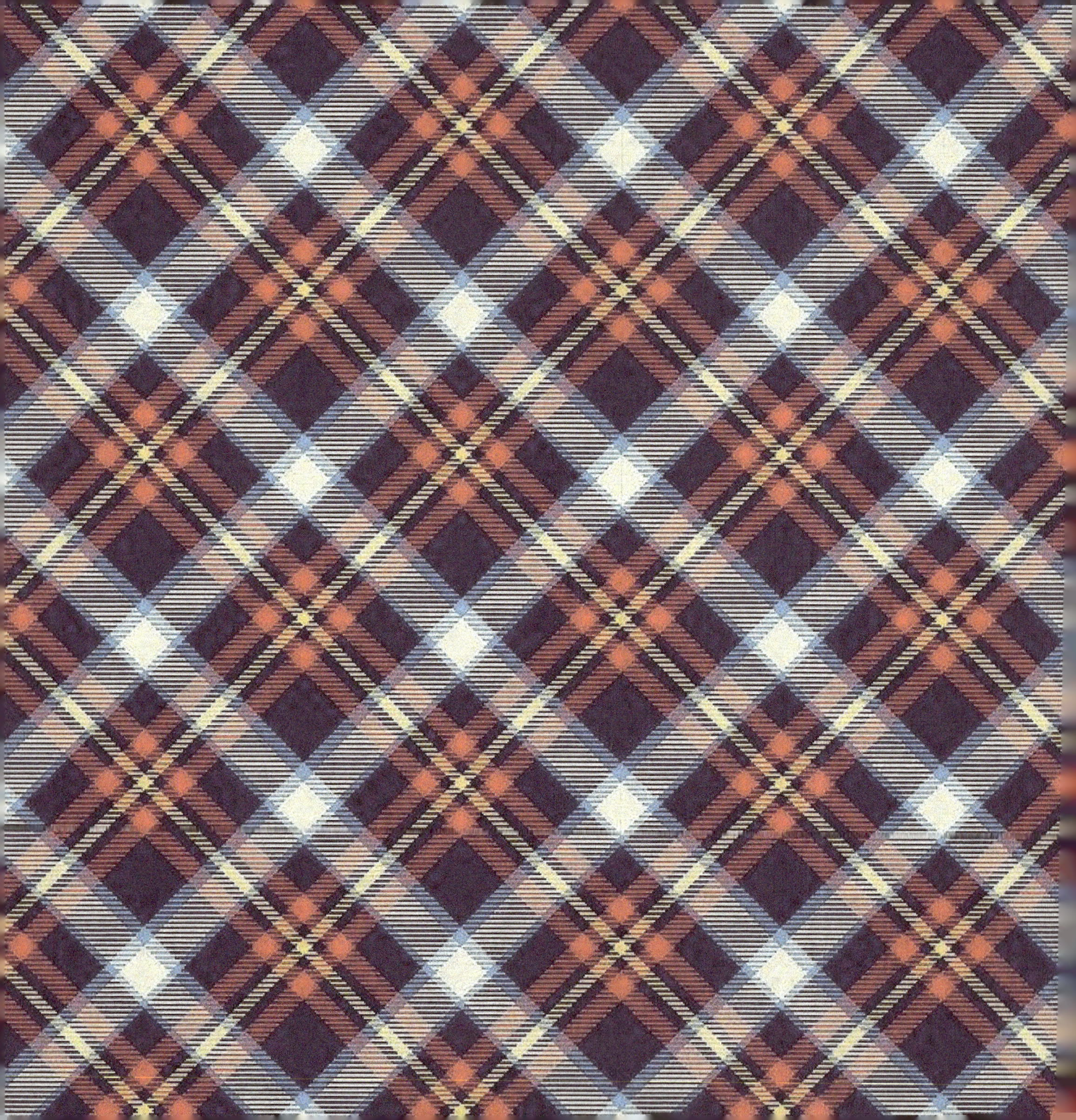

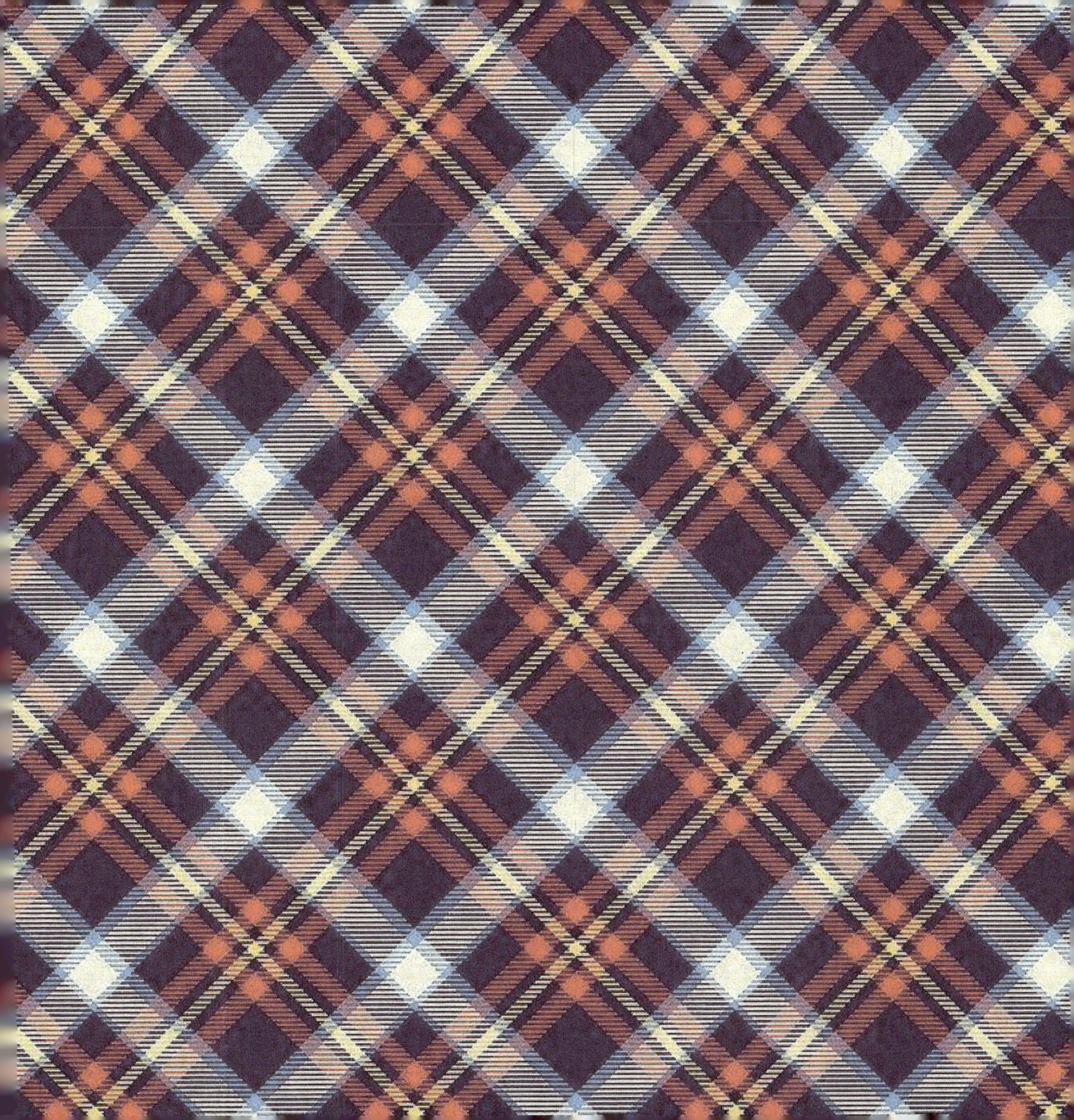

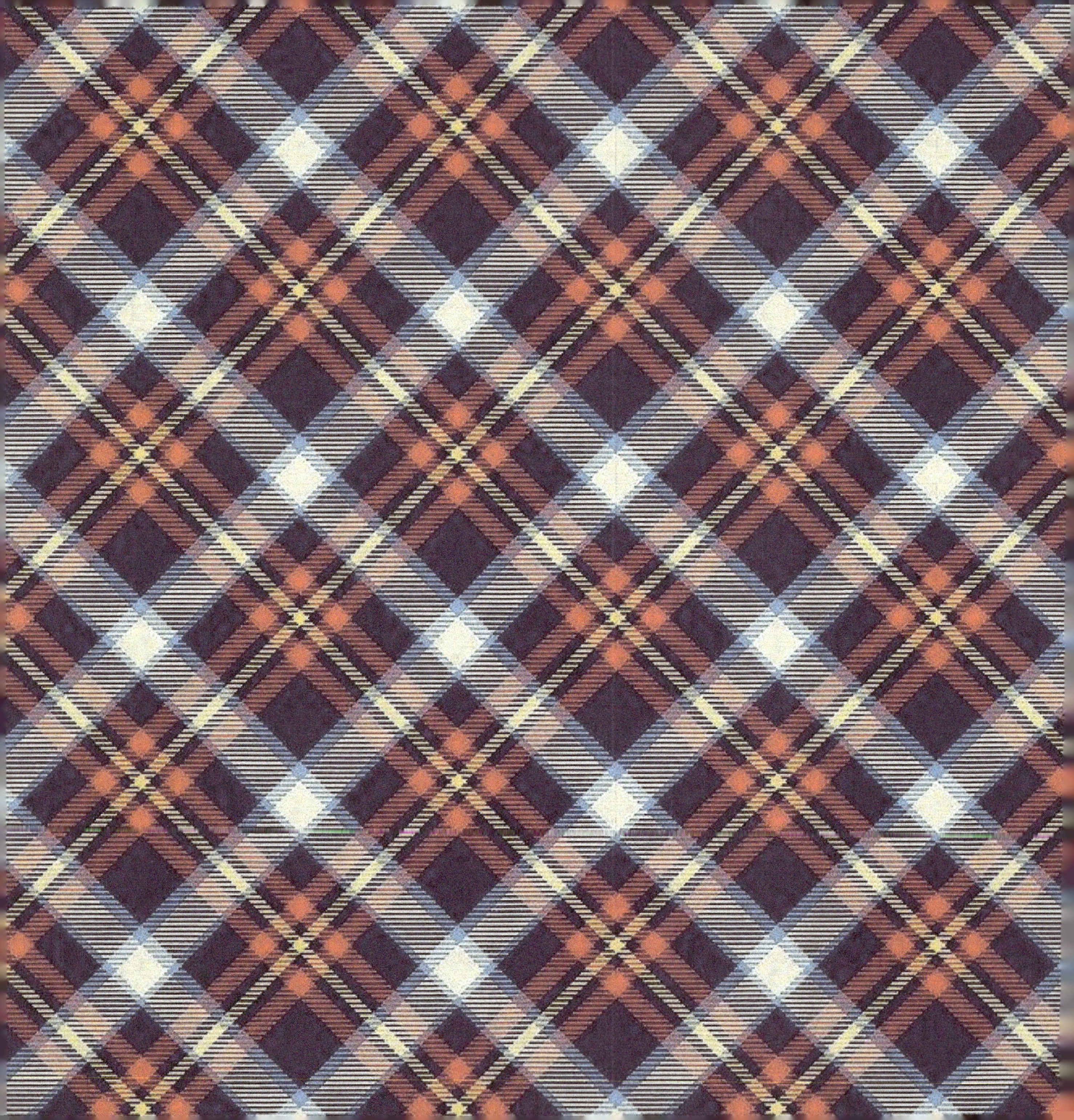

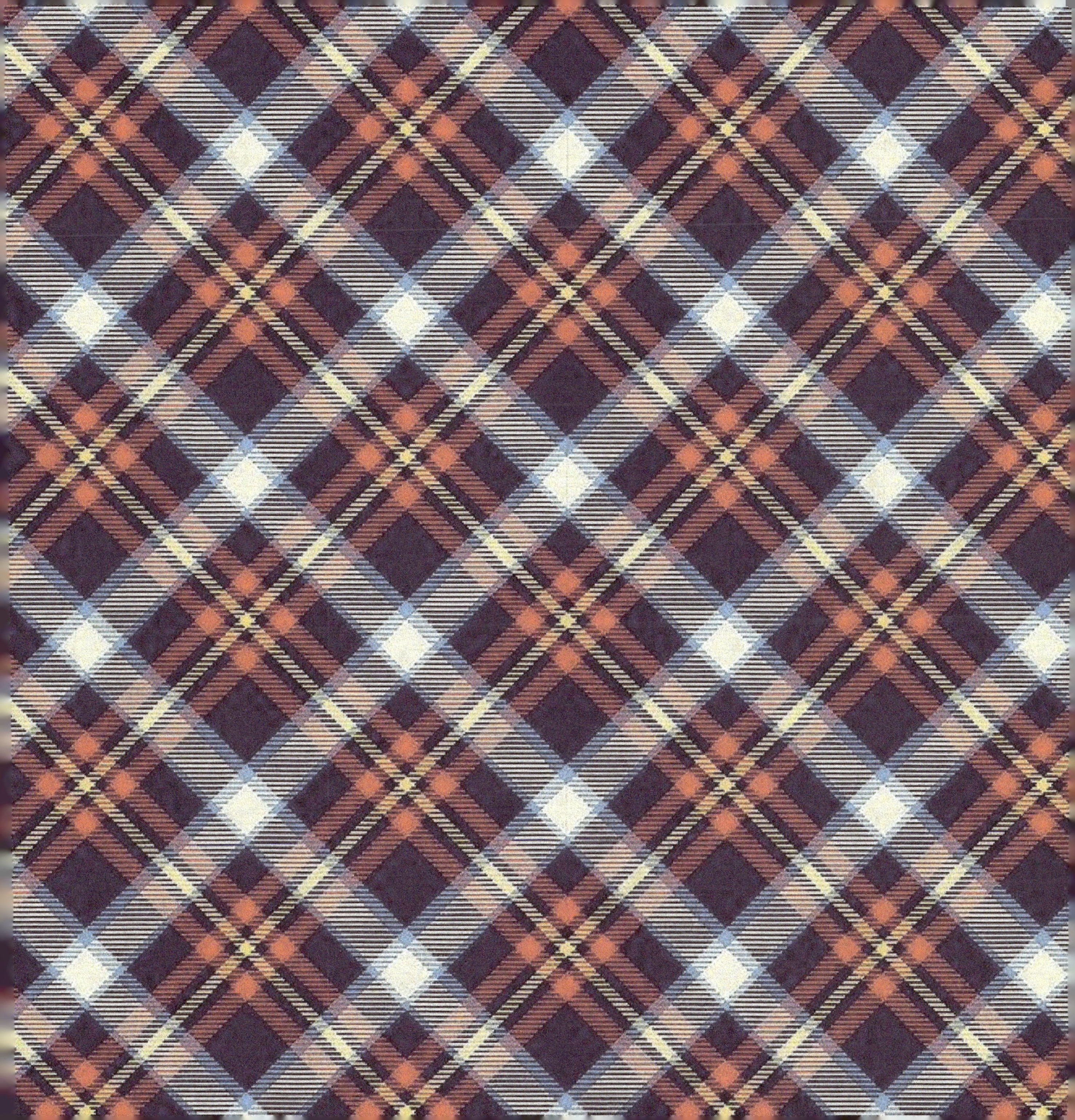

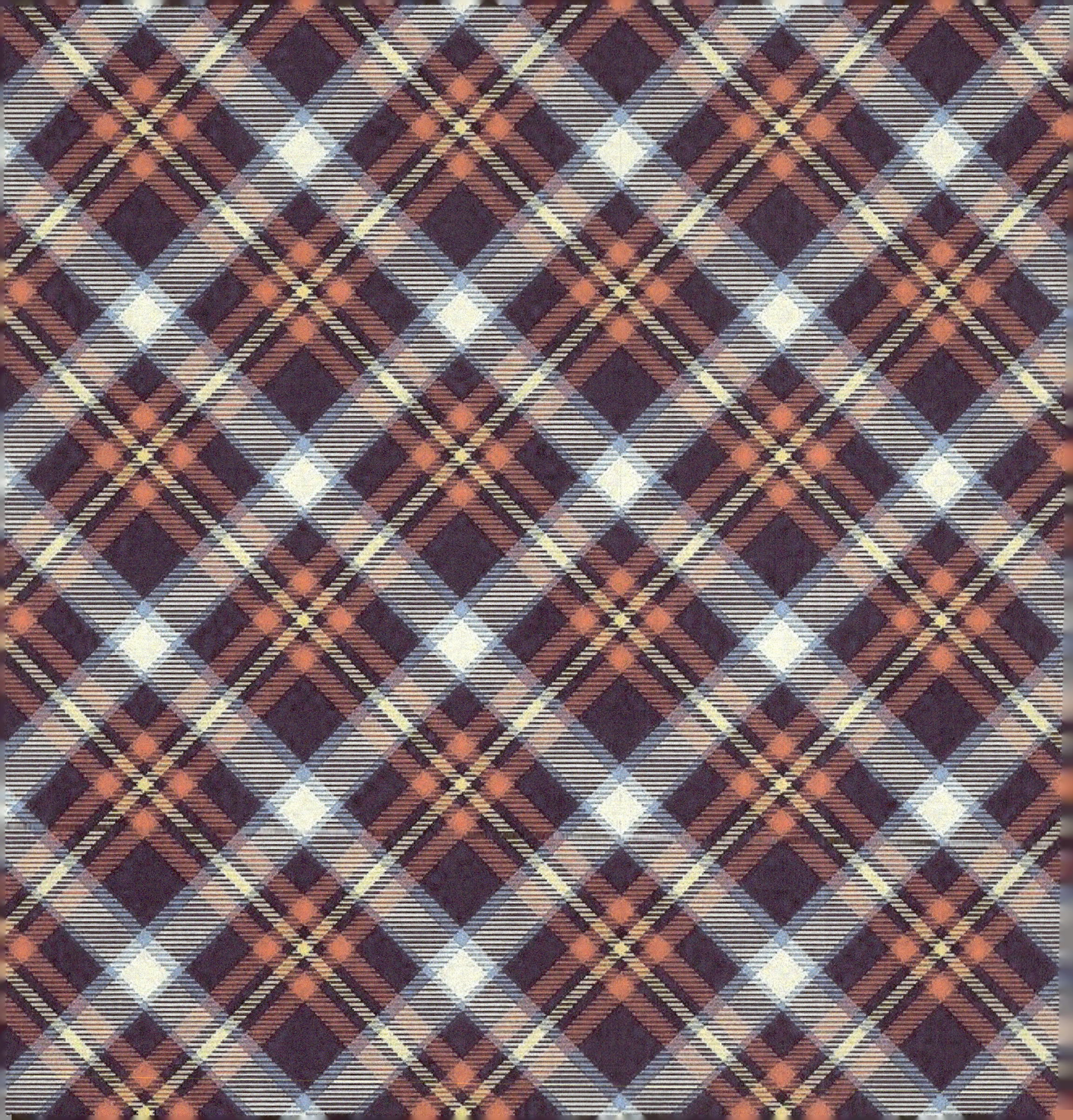